벌거벗은 세계사

퀴즈 탐험대

① 두 번째 지구에 불시착하다!

기획 tvN 〈벌거벗은 세계사〉 제작진 | 글 스튜디오 훈훈 | 그림 작은비버

아울북

기획의 말

어느 날 갑자기 우리 삶에 코로나19가 들이닥치면서 자유롭게 친구들을 만나거나 여행하는 일이 어려워진 때가 있었어요. 모두가 집에 머물며 새로운 일상에 적응하던 시기에 〈벌거벗은 세계사〉라는 프로그램이 탄생했지요.

'어떻게 하면 집에서 안전하게 세계 여행을 즐길 수 있을까?'라는 고민에서 시작한 이 프로그램은, 여행의 즐거움뿐 아니라 여행지에 숨겨진 세계사의 흥미진진한 이야기까지 전하고자 했어요. 〈벌거벗은 세계사〉는 자유로운 일상이 되돌아온 지금까지도 여전히 많은 사랑을 받고 있답니다.

〈벌거벗은 세계사 퀴즈 탐험대 1〉은 프로그램에서 방영했던 역사적 사건들 중 초등학생이 꼭 알아야 할 필수적인 이야기를 엄선하고, 방대한 교과 용어 중에서도 핵심만 뽑아 이야기에 녹여낸 스토리북이에요.

　　히스토리 에어라인에서 여행하던 강하군, 공차연, 왕봉구 세 여행 메이트가 이번에는 히스토리 스페이스라는 공간을 탐험합니다. 어린이 독자 여러분들은 여행 메이트와 함께 키워드 퀴즈를 맞히며 세계사를 하나씩 알아가는 재미를 느낄 수 있을 거예요. 또, 눈앞에 펼쳐지는 세계사를 시간순으로 탐험하다 보면 어느새 역사의 큰 그림을 완성하게 될 거예요. 이 책으로 어린이 독자 여러분이 역사에 더 큰 흥미를 느끼길 바랍니다.

tvN 벌거벗은 세계사 제작진

차례

교과 지식 퀘스트

등장인물

강하군

세계사 게임에 푹 빠진 겜돌이.
뛰어난 관찰력과 엉뚱한 상상력으로
퀴즈를 잘 맞히는 얼렁뚱땅 탐정왕!

공차연

축구를 좋아하는 반전 매력 공격수.
위험한 순간에도 겁먹지 않고
순발력을 발휘하는 대담한 리더!

왕봉구

셰프를 꿈꾸는 먹방 유튜버.
능청스러운 성격으로 뜻하지 않게
힌트를 끌어내는 숨은 강자!

레드퀸

히스토리 스페이스의 역사 키워드를
빼앗고 마법을 걸어 히스토리 스페이스를
엉망으로 만든 악당!

고북히

오래 전부터 히스토리 스페이스에서
지구 역사를 정리한 거북이.
울보에다가 겁쟁이인 대문자 F 관리자!

저주받은 주민들

악당 레드퀸의 저주에 걸려
세 친구들에게 퀴즈를 내는
히스토리 스페이스의 주민들!

붉은 기운이 감도는 성안에서, 빨간색 양 갈래 머리를
한 소녀가 왕좌에서 벌떡 일어났어요. 소녀의 이름은
바로 레드퀸이에요. 이곳, 히스토리 스페이스에 저주를
걸어 모든 것을 엉망으로 만든 악당이지요.

그때 레드퀸 앞으로 그림자 하나가 드리워졌어요.

"누구냐!"

거북이 한 마리가 레드퀸을 향해 터벅터벅 걸어왔어
요. 레드퀸은 피식 웃으며 말했어요.

"제 발로 날 찾아오다니, 무슨 일이지?"

"내가 히스토리 스페이스의 저주를 풀 방법을 알아냈
거든!"

레드퀸은 어이없다는 듯 코웃음을 쳤어요.

"무슨 방법인지 몰라도 혼자서는 절대 못 할걸?"

"알아. 그래서 곧 날 도와줄 인간을 데려올 거야."

"뭐? 인간? 인간을 여기에 어떻게 데려온다는 거지?"

레드퀸은 믿을 수 없었어요. 히스토리 스페이스와 지구는 서로 다른 차원이라 절대 오갈 수 없다고 알고 있었거든요. 순간, 레드퀸은 무언가 꾀하려는 듯 생각에 잠겼어요.

"그렇다면 내가 다른 방법을 써야겠군."

고북히는 그제야 자신이 너무 많은 말을 했다는 걸 깨달았어요.

'아차! 레드퀸에게 괜한 말을 해 버렸어.'

고북히는 등골이 오싹해져 도망치고 싶었어요. 그러나 이미 늦었지요.

레드퀸의 두 눈에서 붉은빛이 번쩍였어요. 힘을 모으는 듯 두 팔을 높이 들자, 붉은빛이 순식간에 고북히를 휘감았어요. 레드퀸이 고북히에게 어떤 저주를 걸어 버린 거예요.

정신을 차린 고북히는 무슨 저주에 걸린 건지도 모른

채 허둥지둥 달아났어요.

한편, 오늘도 어김없이 공차연, 강하군, 왕봉구 세 친구는 세계사 여행을 위해 히스토리 에어라인에 모였어요. 그곳에는 처음 보는 거북이 피규어가 그들을 맞이하고 있었지요.

띠링! 특별한 체험 학습이 시작됩니다!

경쾌한 알림음이 울리며 피규어에 메시지가 나타났어요. 아이들이 금세 거북이 앞으로 모였어요.

"특별한 체험 학습이라니! 세계 각국의 음식을 먹으러 가려나? 엄청나게 기대되는걸?"

"먹기만 하면 히스토리 에어라인 여행이 아니잖아, 왕방구. 세계사 게임 박물관이나 테마파크를 가는 게 아닐까?"

"야! 너 자꾸 이름으로 놀릴래?"

왕봉구가 투덜거렸어요. 아이들의 실랑이에 공차연이 한숨을 쉬며 끼어들었어요.

"그만해, 둘 다! 그런데 이 거북이, 배가 꿀렁대는 것 같지 않아?"

공차연의 말에 강하군은 피규어를 힐끗 살펴보긴 했지만 피규어가 움직이다니, 말도 안 된다고 생각했어요.

"축구를 너무 많이 해서 헛것 보이는 거 아니야?"

"꼭 숨 쉬는 것처럼 배가 들어갔다가 나왔다니까."

공차연이 고개를 갸웃하며 말했어요. 그런데 갑자기, 뽕 하는 소리와 함께 거북이 얼굴이 빨개졌어요.

"봤어? 방금 거북이가 방귀 뀌었잖아! 진짜 살아 있나 봐!"

공차연이 깜짝 놀라며 소리쳤어요. 왕봉구는 거북이 발밑에서 알처럼 생긴 이상한 물체를 발견했어요. 그러고는 그 알을 들고 웃으며 말했어요.

"에이, 설마……. 그냥 AI 스피커겠지. 헤이 거북, 체험 학습 장소가 어디야?"

그 순간, 거북이 눈동자가 반짝 빛나면서 히스토리 에어라인이 덜컹거렸어요. 중심을 잃은 아이들은 털썩 주저앉았어요.

"왜 이래, 왕봉구! 대체 무슨 짓을 한 거야?"

강하군의 말이 끝나기 무섭게 회오리바람이 몰아치더니, 아이들과 히스토리 에어라인을 순식간에 삼켜 버렸어요.

고대

역사 키워드를 돌려줘!

쾅!

천둥소리와 함께 아이들은 놀라 눈을 떴어요. 그런데 웬걸? 히스토리 에어라인은 온데간데없고 그들 앞에는 울창한 숲과 낯선 풍경이 펼쳐져 있었어요. 심지어 눈앞에 원시인까지 서 있었지요.

원시인은 무언가 답답해 보이는 표정으로 두리번거리더니, 방망이를 바닥에 쿵 내려치며 외쳤어요.

"함부로 입장한 자, 퀴즈를 맞혀라!"

이상한 상황에 아이들은 허둥지둥했어요. 뒤로 물러

나 있던 공차연이 용기를 내어 물었어요.

"갑자기 퀴즈라니요? 여긴 도대체 어디예요?"

원시인은 대답 대신 방망이를 휘둘렀어요. 그러자 놀랍게도 그의 머리 위에 퀴즈 창이 나타났어요!

퀴즈 창을 보고도 아이들이 맞힐 기미를 보이지 않자, 원시인은 방망이를 휘두르며 다시 재촉했어요.

"이거 혹시 테마파크 입장 미션 아닐까? 퀴즈를 맞혀야 들어갈 수 있는 거야!"

왕봉구의 말에 강하군이 눈을 흘겼어요.

"말이 되냐? 에어라인 불시착에 원시인까지, 이런 테마파크가 어딨어?"

퀴즈를 맞혀야 이 황당한 상황을 벗어날 수 있을 것 같다고 생각한 공차연은 골똘히 생각했어요.

"원시인이 찾는 이름이 호모…로 시작하는 말인 거 같은데, 뭐더라? 호모 사이언스인가? 아닌데…….."

그때 강하군이 소리쳤어요.

"아! 기억났어. 정답은 호모 사피엔스야."

마침내 강하군이 정답을 맞히자 또 한 번 놀라운 일이 벌어졌어요. 원시인 방망이에서 파란 구슬이 튀어나오더니 왕봉구가 들고 있던 거북이 알로 쏙 들어간 거

예요.

"왜 자꾸 이상한 일이 벌어지는 거야?"

공차연은 어안이 벙벙했어요. 그때 어디선가 달려온 고북히가 아이들 앞에 나타났어요.

"앗! 히스토리 에어라인에 있던 거북이 피규어다!"

강하군이 흠칫 놀라며 외쳤어요.

"맞아. 나 그 거북이야."

"거북이가 말했어! 대체 여긴 어떤 곳이야? 히스토리 에어라인은 어디 갔어?"

"퀴즈를 맞히니까 원시인 방망이에서 파란 구슬이 나왔어. 그건 또 뭐야?"

아이들은 저마다 궁금한 점을 쏟아냈어요.

"그 구슬은 우리 히스토리 스페이스 주민들이 빼앗긴 역사 키워드 구슬이야. 거북이 알에 들어갈 구슬을 모두 되찾아야만 악당으로부터 이곳을 지킬 수 있어."

고북히의 알아들을 수 없는 설명에 강하군이 고개를 갸우뚱하며 물었어요.

"악당이라니……. 너는 도대체 누구야?"

"일단 내 소개를 할게. 난 고북히야. 히스토리 스페이스를 관리하는 관리자기도 하지."

"아까부터 말하는 히스토리 스페이스는 어떤 곳인데?"

"여기는 인간 세계에서 벌어지는 모든 역사를 그대로 옮겨 놓은 공간이야. 두 번째 지구 같은 곳이랄까? 그런데 요즘 레드퀸이라는 악당이 쳐들어와서 이곳을 엉망으로 만들려 하고 있어."

고북히의 이야기를 들을수록 궁금증만 커졌어요.

공차연이 물었어요.

"그럼 여기서 우리가 해야 할 일이 있다는 거야?"

"일단 날 따라와!"

아이들은 영문도 모른 채 고북히를 따라 달렸어요.

그러자 배경이 순식간에 바뀌었지요. 아이들 눈앞에는 드넓은 모래사막이 나타났어요. 따끈한 모랫바닥 위에는 판사복을 입은 고양이가 느긋하게 누워 있었어요.

사나운 고양이 법관 고고

"저길 봐! 귀여운 고양이가 있어!"

강하군이 고양이에게 다가가 엉덩이를 톡톡 두드리

자, 고양이는 기분 나쁜 듯 수염을 씰룩댔어요.

"이 몸은 고대 고양이 법관, 고고다냥! 어딜 내 엉덩이를 함부로 톡톡 두드리냥!"

"악! 고양이도 말을 하잖아!"

고북히가 속삭였어요.

"고고도 레드퀸의 저주를 받은 게 확실해. 우리가 다음 퀴즈로 못 가게 막을 거야."

아니나 다를까 고고는 털을 삐쭉 세우며 말했어요.

"고고의 퀴즈를 맞히라냥!"

아까부터 왜 자꾸 퀴즈를 낸담?

고고도 레드퀸에게 저주를 받았구나.

히익

고고가 털을 세우며 냥냥 펀치를 날렸어요. 그러자 돌 기둥이 솟아오르더니, 하늘에 퀴즈 창이 떴지요.

"함부로 법을 어기면 안 되니까, 함부로 법전!"

공차연이 자신 있게 말하자, 왕봉구가 반박했어요.

"아니야. 함무바라 법전이야. 법도 밥처럼 일단 한번 먹어 봐야 안다는 거지."

"정답은 함무라비 법전이 확실해!"

강하군이 큰 소리로 외쳤어요. 그러자 퀴즈 창이 번쩍 하고 사라졌지요. 턱을 괴고 있던 고고는 눈을 동그랗게 떴어요.

"이런, 정답이다냥! 하지만 한 문제로 길을 지나갈 수 있을 거라 생각하면 오산이다냥"

"대체 왜 자꾸 우리한테 퀴즈를 내는 거야?"

공차연이 입술을 삐죽 내밀었어요. 고북히는 설명했지요.

"레드퀸이 히스토리 스페이스를 망가뜨리고 있다고 했지? 바로 이곳을 이루고 있는 역사 키워드를 빼앗아서 그런 거야."

"그게 우리랑 무슨 상관이야? 난 그냥 테마파크에 가서 추로스나 먹고 싶었는데."

"아까 파란 구슬 봤지? 너희가 퀴즈를 맞힌 덕분에 레드퀸한테 빼앗겼던 키워드를 찾을 수 있었어. 너희가 우리의 영웅이 될지도 모른다는 뜻이야."

"칫, 쫑알쫑알대기는. 퀴즈는 아직 끝나지 않았다냥!"

고고가 말하자 거대한 낱말 퀴즈 창이 나타났어요.

"무덤이 피자처럼 삼각형 모양이네. 그럼 피자가 정답인가? 아, 피자 먹고 싶다."

왕봉구는 입맛을 다시며 말했어요.

"정답은 세로 두 번째 줄, 파라오! 어디서 들어 봤거든."

공차연은 확실하진 않았지만 정답을 맞혀 보려고 씩씩하게 말했어요.

"파라오는 이집트 최고의 통치자야. 이 거대한 무덤의 주인이지."

고북히 설명에 공차연은 머쓱해하며 머리를 긁적였어요. 그러자 강하군은 눈을 뒤집고 절뚝거리며 공차연의 뒤로 몰래 다가갔어요.

"킥킥, 나는 미라다! 정답! 미라!"

"깜짝이야! 너도 저 무덤 속 미라처럼 묻히고 싶은 거야?"

공차연이 강하군에게 장난스레 발을 들썩였어요.

"참, 미라는 시신을 부패하지 않게 보존한 거였지. 정답인 줄 알았네! 생각보다 어려운걸."

고고는 틀린 답을 말하는 아이들을 보며 뿌듯해했어요.

'다음 퀴즈로 못 넘어가게 막으면 레드퀸이 나를 칭찬해 줄 거다냥.'

그러다 갑자기 공차연이 눈을 반짝이며 외쳤어요.

"그래, 삼각뿔의 거대한 무덤은 바로 피라미드야!"

"으악, 또 맞혔다냥."

고고는 부르르 떨며 좌절했어요.

"잘했어, 공차연!"

고북히가 칭찬하자 고고는 뽀로통해졌어요.

"이번이 마지막 퀴즈다냥. 절대 못 맞힐 거다냥."

"어서 맞히고 나가자. 나 여기 점점 무서워져."

왕봉구가 파르테논 신전으로 바뀐 배경을 보며 공차연의 소매를 끌어당겼지요.

그러나 아이들은 정답을 못 찾고 헤매기만 했어요. 보다 못한 고북히가 입을 열었어요.

　　"내가 나설 차례군. 정답은 포오오오……, 어? 내 입이 왜 이러지? 포, 포, 포오……."

　　"도대체 뭔 말을 하고 싶은 거야? 입만 오물거리지 말고 말을 해 봐!"

　　"으앙~ 정답이 입에서 안 나와. 나도 레드퀸의 저주에 걸렸나 봐. 어떡하지?"

　　드디어 레드퀸이 고북히에게 건 저주가 밝혀졌어요. 고북히는 절대 정답을 말할 수 없다는 거예요.

　　강하군이 울먹이는 고북히를 토닥였어요.

　　"우, 울지 마! 일단 우리가 도와줄 테니 걱정 말라고."

　　"못된 레드퀸, 축구공 한 방 날려 버리고 싶네!"

　　공차연이 씩씩대며 말했어요.

　　"근데 정답을 말할 수 없는 저주라면, 힌트는 줄 수 있지 않을까?"

왕봉구의 말에 고북히는 고개를 끄덕였어요.

"한번 해 볼게. 정답은 세 글자야. 그리고 우리가 위험에 처하면 어디에 신고를 하지?"

"경찰! 112! 이걸 세 글자로 늘리면…… 아하, 정답은 폴리스?"

"바로 그거야! 경찰이 영어로 폴리스니까. 물론 여기서 폴리스는 도시 국가이지만 말이야."

고북히가 기뻐하며 강하군을 안았어요.

"이럴 수는 없다냥!"

그 순간 고고 몸에서 세 개의 파란 구슬이 빠져나왔어요. 구슬에는 아이들이 맞힌 퀴즈의 정답 키워드가 적혀 있었지요.

왕봉구는 날아오는 구슬을 잡아 거북이 알 안으로 쏙 넣었어요.

　　사나웠던 고양이 법관 고고도 갸르릉거리는 귀여운
고양이로 돌아왔어요.

　　"고고가 돌아왔어. 저주가 풀린 거야."

　　"정말이네. 그럼 우리가 히스토리 스페이스의 영웅이
될 수 있다는 말도 믿어야 하나?"

　　아이들은 고북히가 늘어놓던 알 수 없는 말들을 이해
하기 시작했어요. 레드퀸한테 빼앗긴 키워드를 모두 찾

아야만 지구 역사가 담긴 히스토리 스페이스를 구할 수
있다는 사실을요.

"저주를 풀어 줘서 고맙다냥. 보답으로 이걸 선물로
주겠다냥!"

고고가 내민 것은 정답의 단서를 찾아 주는 망원경이
었어요. 단, 딱 한 번만 쓸 수 있다며 주의를 줬지요.

신중하게 쓰라냥!

"우아, 지구에 두고 온 내 햄버거도 보이려나?"

"이걸로 토트남의 축구 경기를 보고 싶어."

왕봉구와 공차연은 망원경을 받고 기뻐했어요. 고북히는 그런 아이들을 재촉하며 이끌었지요.

"그럴 시간이 없어. 어서 가자!"

조금 걸어가자 눈앞에 붉은색 궁궐이 나타났어요.

"이런 멋진 궁궐을 그냥 지나칠 수 없지!"

왕봉구는 유튜브 앱을 켜고 라이브 버튼을 눌렀어요. 하지만 아무리 해도 작동하지 않았어요.

"이게 왜 안 되지?"

"여긴 지구가 아니니까."

앞장서 가던 고북히가 뒤돌아보며 말했어요. 그러다 고개를 다시 되돌리는 순간 깜짝 놀랐어요.

"으악! 뭐, 뭐야!"

거대한 사람 형상을 한 무언가가 앞에 서 있었거든요. 그의 몸에는 질척한 진흙이 흐르고 있었어요.

진흙이 된 병마용 꿍

"나는 황릉의 수호자, 병마용 꿍이다. 감히 황릉에 침입하다니, 내 주먹맛을 볼 테냐아아……!"

처음에는 우렁차게 외쳤지만 꿍의 목소리는 점점 힘이 빠졌어요. 몸도 천천히 녹아내리는 듯 했어요.

"점토를 구워 만들었던 꿍의 몸이 진흙으로 바뀌고 있어! 꿍 역시 레드퀸에게 당한 거야."

"그럴 리 없어! 난 황제, 아니 레드퀸을 지키는 병사란 말이다……!"

말이 끝나자 주변이 바뀌더니 퀴즈 창이 떴어요.

QUIZ 5

춘추 전국 시대에 활동했던 사상가들을 의미하는 말로
공자, 맹자, 노자도 속하는 이것의 이름은?

힌트

화산섬 ☐주도 + 스승과 제☐ + ☐제 온조왕 + 현악기 ☐야금

빈칸에 들어갈 말을
차례로 연결해 보렴.

우리가
공자, 맹자, 노자란다.

힌트 좀
주세요!

퀴즈 창에는 힌트가 적혀 있었어요. 강하군은 힌트를 찬찬히 읽어 보았어요.

"빈칸을 채우면 되겠어. 화산섬 '제'주도, 스승과 제'자', 온조왕은 '백'제 왕이고, 현악기 '가'야금이니, 그럼 정답은 제자백가!"

"이런, 정답이잖아!"

당황한 꿍이 소리쳤어요.

강하군 입에서 이렇게 어려운 말이 나오다니, 공차연과 왕봉구는 깜짝 놀랐어요.

"제자백가는 중국의 춘추 전국 시대에 활동한 동양 철학자와 수많은 학파를 뜻해. 500년 동안 전쟁이 계속되면서 어떻게 하면 좋은 세상을 만들까 고민한 학자들이 여럿 나타났던 거야."

고북히가 제자백가에 대해 설명해 주었어요.

"으으……, 다음 퀴즈다아아아!"

그 순간, 땅이 크게 흔들렸어요.

"으아! 갑자기 땅이 흔들려! 지진인가?"

진동이 커지며 퀴즈 창이 다시 나타났어요. 이번에는

커다란 무덤이 함께 보였어요.

흔들

여긴 퀴즈 속
황제의 무덤이야.

왜 이렇게
흔들려?

아야야

"힌트를 줄게."

고북히가 나뭇가지로 바닥에 알파벳을 써 내려갔어요.

"그마아~안! 자꾸 훼방 놓지 말란 말이야!"

꿍이 진흙이 흐르는 손가락을 고북히 얼굴에 갖다대며 말했어요.

"푸하하! 고북히 얼굴에 진흙 똥이 묻었대요!"

왕봉구는 엉망이 된 고북히를 보고 깔깔대며 웃었어요.

"저 글자는 차이나(China)잖아. 'Chin'에 밑줄이 그어져 있어. 'Chin'은 우리말로 턱이라는 뜻이잖아. 그럼 턱 황제인가?"

강하군이 고개를 갸웃거리자 공차연이 말했어요.

"드디어 너의 영어 실력이 빛을 발하는구나."

"때앵! 틀렸다아!"

왕봉구가 손을 들고 말했어요.

"'Chin'은 친으로 발음하고, 친은 진과 비슷하잖아. 정답은 진시황제야!"

"정답이다."

그러자 녹아내리던 진흙이 다시 꿍의 몸을 감싸며 단단해졌어요. 꿍은 원래의 모습으로 돌아왔고, 왕봉구는 꿍의 몸에서 나온 구슬을 거북이 알에 넣었어요.

"후유, 레드퀸의 저주로 하마터면 진흙이 될 뻔했네."

"꿍! 동료 병마용들은 어디 갔어? 진시황릉을 함께 지키고 있었잖아."

고북히가 물었어요.

"다들 레드퀸을 따라갔어. 난 여기 남아 진시황릉을 지키겠다니까 레드퀸이 나에게 저주를 걸어 버렸지. 참, 레드퀸은 히스토리 스페이스를 빼앗고선 지구까지 정복할 거라고 했어."

꿍은 레드퀸의 이야기를 하기 시작했어요.

"레드퀸의 최종 목표는 지구 정복이었구나. 지구를 지키려면 우리가 레드퀸을 막아야겠네!"

강하군이 주먹을 꼭 쥐고 외쳤어요. 공차연과 강하군도 덩달아 주먹을 쥐었어요.

"고된 일이 될 거야. 주민들은 대부분 저주에 걸렸잖아. 키워드를 되찾으려면 레드퀸이 심어 놓은 퀴즈를 모두 맞혀야 하는데, 하나같이 쉽지 않거든."

고북히가 걱정스러운 얼굴로 말했어요.

"우리가 힘을 합치면 할 수 있어!"

아이들 말에 고북히는 용기를 얻었지요.

고북히와 아이들은 진나라를 지나 또 다른 차원에 도착했어요. 그곳은 축제로 떠들썩했고, 거리마다 사람들로 북적였어요.

"우아! 포도주스다!"

왕봉구가 탁자 위에 있는 포도주스를 보고 침을 꿀꺽 삼켰어요. 그 순간, 반짝이는 금화 하나가 또르르 굴러

가는 걸 발견했어요.

"아싸! 내 거다!"

왕봉구는 금화를 얼른 주웠어요. 그리고 포도주스를 파는 상인에게 다가가 간절한 표정으로 말했어요.

"이 금화를 드릴 테니 포도주스를 주세요. 목이 말라서 기절할 것 같아요!"

상인은 금화를 살펴 보았어요.

"왕의 얼굴이 그려진 행운의 금화군. 좋아! 여기 포도주스를 마음껏 마시렴."

왕봉구가 잔을 들자 상인은 순식간에 사라져 버렸어요. 그 자리에는 손과 발, 눈, 코, 입이 달린 커다란 금화가 앉아 있었어요. 게다가 포도주스에서는 썩은 냄새가 폴폴 풍겼지요.

"안 돼! 내 포도주스!"

왕봉구가 깜짝 놀라 외치자, 고북히와 공차연, 강하군이 다급하게 달려왔어요.

불행의 동전 헬렐레

"킥킥, 속았지? 난 불행의 동전, 헬렐레야. 여기까지 오다니 제법인데?"

"이번엔 또 금화가 말을 하네. 그런데 내 진짜 포도주스는 어디에 숨겼어?"

"무엇이든 쉽게 얻는 건 없단다! 내 퀴즈를 맞히기라도 하면 모르겠지만."

"좋아, 그럼 빨리 퀴즈를 내! 나는 주스를 꼭 마셔야겠거든!"

왕봉구가 툴툴거리며 말했지요.

"이 친구, 성격 참 급하군. 네가 퀴즈를 서둘렀으니 직접 풀어 봐. 5초 안에 맞히면 새 포도주스를 주고, 틀리면 맹수를 불러와 혼쭐내 줄 거야."

헬렐레가 겁을 주며 말했어요.

"꺄악! 맹수라니!"

그 순간, 아이들 머리 위에 퀴즈 창이 떴어요.

QUIZ **7** ▶▶

**동방 원정을 이루고
헬레니즘 문명을
탄생시킨 마케도니아의 왕은?**

🟢 알렉산드로스 🟢 알리바바
🟢 아킬레스건 🟢 알랑방귀

바로
이 사람이지!

"왕이라……, 혹시 불행의 동전 등에 그려진 저 남자
일까?"

왕봉구가 중얼거리자마자 헬렐레가 카운트다운을 시
작했어요.

"자! 5, 4, 3, 2……."

"정답은 아, 아킬레스건!"

왕봉구는 긴장한 나머지 엉뚱한 답을 찍어 버렸어요.

그러자 헬렐레는 배를 잡고 깔깔댔지요.

"하하하! 틀렸어, 아킬레스건은 네 발뒤꿈치에 있는 거지. 정답은 알렉산드로스야."

"맞다! 히스토리 에어라인에서 배웠던 건데!"

"힝, 알렉산드로스 대왕은 유럽, 아프리카, 아시아 대륙에 걸쳐서 대제국을 세운 사람이야."

고북히가 아쉬워하며 말했어요.

"이미 늦었어. 왕봉구가 답을 틀렸으니 맹수를 만나러 가야겠지?"

헬렐레가 신난 목소리로 외치자, 갑자기 로마 병사들이 나타나 아이들을 붙잡았어요. 몇 걸음 끌려가자, 눈앞에 원형 경기장이 펼쳐졌어요. 그곳에는 으르렁대는 사자가 아이들을 노려보고 있었어요.

"으악! 왕봉구 때문에 우리 이제 끝장인 거야?"

"이렇게 끝날 순 없어! 살려 줘, 고북히!"

"마지막 기회를 주겠다. 다음 퀴즈를 맞혀 봐!"

"전화를 모아서 세운 건물을 생각해 봐라!"

"전화? 그런 건 하나도 안 보이는데?"

헬렐레의 힌트를 듣고 공차연과 강하군이 주변을 두리번거리며 전화기를 찾았어요.

"오~ 힌트가 재미있는데? 잘 생각해 봐. 애들아!"

고북히가 빙긋 웃자 강하군이 말했어요.

"고북히, 너도 힌트라도 좀 주지 그래?"

그러자 공차연이 강하군이 멘 망원경을 가리켰어요.

"지금 이 망원경을 써 보면 어떨까?"

강하군은 망원경에 눈을 대고 주변을 둘러 봤어요. 이어서 고북히가 힌트를 줬어요,

"이 원형 경기장은 이탈리아를 상징하는 유명한 건물이야. 그리고 정답은 네 글자야."

"관중들이 콜(CALL)이라고 적힌 천을 들고 있어!"

강하군의 말을 들은 공차연이 곰곰이 생각했어요.

"콜(CALL)이라면 전화를 뜻하는 거지? 전화로 세운

건물이라 했으니……"

힌트를 눈치 챈 강하군이 답을 마구잡이로 외치기 시작했어요.

"정답은 콜모세움! 콜링세움! 콜기세움! 콜라세움! 아니면…… 콜로세움!"

그 순간 원형 경기장의 관중들이 환호하더니 모두 사라져 버렸어요. 헬렐레 역시 사라지고 그 자리에는 구슬만이 남았어요.

"고마워, 강하군! 콜로세움이 정답이었어."

고북히가 구슬을 주워 거북이 알에 넣으며 말했어요.

"역시 난 천재야! 게임 천재에 이어 역사 천재까지 휩쓸었어!"

"천재는 무슨. 하긴 잘 찍는 것도 재능이네!"

공차연의 말이 끝나자 하늘에서 종이 쪽지 하나와 티켓 세 장이 내려왔어요. 이 티켓은 바로 중세로 데려다 주는 비행선 탑승권이었어요.

영웅 되기
일보 직전

아이들은 비행선을 타고 중세로 향했어요.

"우아, 여기 경치 좋다! 하늘에서 보니까 우리가 지나온 고대 시대가 한눈에 들어와. 꼭 내가 좋아하는 메타버스 게임 속 같아."

"으이그, 풍경도 게임으로 보이냐? 그나저나 배고픈데 기내식은 안 나와?"

"히스토리 스페이스는 시대 이동 시간이 짧아서 기내식은 없어."

"뭐라고? 고북히, 날 굶기려고 작정한 거지?"

왕봉구가 불만 가득한 눈빛으로 고북히를 바라보자, 고북히는 슬쩍 눈을 피했어요. 그때 공차연이 물었어요.

"그런데 고북히, 지구와 이곳이 똑같다고 했잖아. 근데 지구 거북이는 말을 못하는데 너는 말을 어떻게 하는 거야?"

공차연의 질문에 강하군이 맞장구를 쳤지요.

"심지어 진흙으로 만든 병마용도 말을 하잖아!"

"히스토리 스페이스와 지구는 외형은 같지만 시공간의 흐름은 달라. 거기에 레드퀸은 저주까지 있었으니 다른 점이 있겠지."

고북히가 설명하는 사이, 비행기는 중세 마을에 착륙했어요. 저 멀리 하얀 성당이 보였어요.

"어, 저기 성당에 가면 빵과 포도주스를 나눠 줄지도 몰라!"

왕봉구는 쏜살같이 성당으로 달려갔어요. 다른 아이

들도 서둘러 뒤따라갔지요.

성당은 거대한 돔과 화려한 모자이크 창문으로 장식되어 있었어요. 공차연은 창문을 보며 감탄했어요.

"우아! 진짜 예쁘다!"

그런데 어디선가 날카로운 목소리가 들려왔어요.

뒤죽박죽 모자이크 바티

"겁도 없이 나, 바티의 신성한 공간에 들어왔구나."

아이들이 소리가 들리는 곳으로 돌아보니 눈, 코, 입의 위치가 뒤죽박죽 뒤틀린 수녀가 벽에 액자처럼 붙어 있는 게 아니겠어요?

"어쩜 저렇게 자유 분방하게 생겼담?"

공차연은 바티의 우스꽝스러운 모습에 깔깔거리며 웃었어요.

"감히 나를 비웃다니. 퀴즈를 맞히지 못하면 너희 얼굴도 이렇게 뒤틀어 버릴 테니 각오해라!"

화가 난 바티가 퀴즈 창을 띄웠어요.

"힌트는 독일, 그러니까 'Germany'의 뿌리가 된 민족이다."

"어떻게 읽는 거지? 게르마니?"

강하군은 공차연의 엉뚱한 발음을 고쳐 주었어요.

"어휴! 그건 절매니라고 읽는 거야."

"잠깐, 게르마니라고 읽으니까 게르만족이랑 비슷한데? 좋았어! 정답은 게르만족!"

"이렇게 막 던져도 되는 거야?"

공차연이 정답을 외치자 환한 빛이 눈부시게 퍼졌어요.

"야호! 맞잖아! 내 말이 정답이었어."

"잘했어! 하마터면 모자이크 얼굴 될 뻔했네."

강하군이 공차연의 등을 두드리며 말했어요.

"에잇! 정답을 맞히다니! 이번에는 정말 못 맞히게 할 거야. 반드시 너희를 모자이크 벽화로 만들어 주지!"

바로 다음 퀴즈 창이 나타났어요.

종교를 맞히라니, 이번 문제도 만만치 않게 어려웠지요. 그때 왕봉구가 입맛을 다시며 말했어요.

"이번 크리스마스에는 무슨 케이크를 먹을까나?"

"어? 왕방구! 아니, 왕봉구! 방금 뭐라고 했어?"

강하군이 눈을 크게 뜨고 물었어요.

"엉? 케이크 말이야? 딸기 케이크가 좋을지, 초코 케이크가 좋을지 고민 중이었어."

"아니, 그 전에 크리스마스 말이야! 이걸 왜 이제 떠올렸지? 정답은 크리스트교야!"

왕봉구 말에 힌트를 얻은 강하군이 정답을 외쳤어요.

그 순간 강한 빛이 바티 몸을 감싸더니 기도하는 수녀 벽화로 바뀌었어요.

"너희들 덕분에 내 본모습을 되찾았어. 고마워."

공차연은 바티의 외모를 놀렸던 자신이 부끄러워졌어요.

"아까 네 얼굴 가지고 비웃어서 미안해."

바티는 공차연의 사과를 받아 주었어요.

고북히는 구슬을 넣으며 설명했지요.

"크리스트교는 세계에서 가장 많은 사람이 믿는 종교로, 우리 일상과도 아주 가까워. 크리스트교를 창시한 예수의 탄생일을 기념하는 날이 바로 크리스마스지. 당시 로마 사람들은 사치스러운 생활을 좋아했는데, 크리스트교는 절제와 금욕을 강조했기 때문에 사람들에게 반감을 샀어."

"역시 바른말을 하면 미움을 받는구나. 나도 늘 바른말만 해서 강하군이 나를 못마땅해하잖아."

왕봉구의 말에 강하군이 발끈했어요.

"너는 맨날 먹는 얘기만 하잖아."

"그게 바른말이지!"

둘이 티격태격 말다툼을 벌이는데, 갑자기 어디선가 뱀처럼 기다란 천이 튀어나와 왕봉구의 입을 막아 버렸어요.

"아아아, 으으윽······."

알고 보니 그 천은 머리에 쓰는 히잡이었어요.

마법의 히잡 슬람

"이런, 시끄러워서 낮잠을 잘 수가 없잖아. 나, 마법의 히잡 슬람이 네 입을 좀 막아야겠어!"

"당장 풀어 줘. 수건 주제에 내 친구의 입을 막다니!"

조금 전까지만 해도 왕봉구와 다투던 강하군이 씩씩거리며 말했어요.

"흥! 나를 평범한 수건 취급하다니! 난 이슬람의 천사 지브릴이 썼던 아주 고귀한 히잡이라고."

슬람이 자랑스레 말했어요.

"레드퀸 덕분에 새로운 마법을 얻었다! 바로 꽁꽁 묶기와 휙휙 날려 보내기 마법! 퀴즈를 맞히지 못하면 너희도 날려 버리겠다!"

슬람이 천을 휘두르자 퀴즈 창이 떠올랐어요.

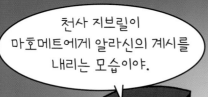

천사 지브릴이 마호메트에게 알라신의 계시를 내리는 모습이야.

QUIZ 11

이슬람교 창시자이자 선지자인
마호메트가 기록한
이슬람교 경전은?

- 성경
- 쿠란
- 불경
- 탈무드

날개 단 천사가 지브릴이구나.

으으으

하하

빨리 퀴즈나 풀라고?

대한민국 대표 캐릭터 카카오프렌즈 춘식이의
�֎ ˗ 첫 번째 어린이 판타지 동화 ˗ ✷

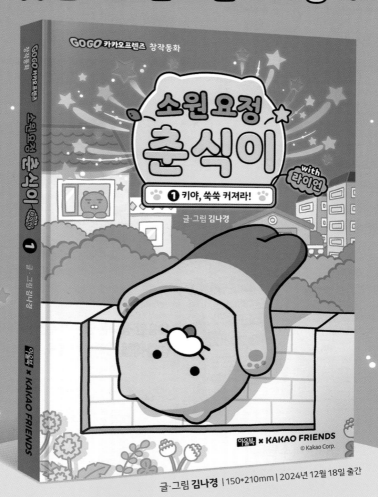

글·그림 **김나경** | 150*210mm | 2024년 12월 18일 출간

 × **KAKAO FRIENDS**

이 책을 ^꼭 봐야 하는 이유

소원을 들어주는 엄청난 고양이,
춘식이가 펼치는 판타지를 통해
상상력은 자라나고
책 읽는 재미는 커지니까!

미로찾기, 숨은그림찾기,
같은그림찾기 같은
놀이 활동을 즐기며
성취감을 느끼고 **집중력**을 높이니까!

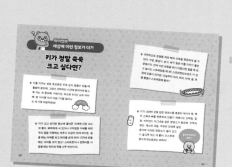

유용한 정보를 담은 부록을 읽으며
실용적인 지식까지 쌓을 수 있으니까!

한 장에는 내 소원을,
한 장에는 친구의 소원을 적는
춘식이의 소원 카드를
선물로 받을 수 있으니까!

어느 날 키가 큰 마야에게 놀림 받고는
속상한 마음에 소원을 외친 삼백이.
" 내 소원은 키가 아주 많이 크는 거야~!"

그러자 갑자기, 소원을 들어주는
고양이 춘식이가 나타났다!
"키가 아주 많이 크고 싶다고?
소원 접수!"

소원 요정 춘식이 덕분에
삼백이의 소원이 이루어졌⋯ 나?
하지만 삼백이가 원한 키는
이게 아닌데⋯?!

게다가 마야에게도
엄청난 변화가 일어났잖아!
삼백이와 마야는 원래대로
돌아갈 수 있을까? 춘식이가 저지른
엉뚱한 대형 사고의 결말은?

소원을 말해 봐!

춘식이에게 소원을 빌러 가 보세요! 춘식이가 소원을 들어줄 수도…?

함께 보면 더욱 좋은 카카오프렌즈 학습 만화 시리즈

GOGO 카카오프렌즈

시리즈 누적 판매 200만 부 돌파! 대체불가 베스트셀러

역사 문화

김미영 글 | 김정한 그림

세계 각국의 역사와 문화, 지식이 쏙쏙!

❶ 프랑스	❷ 영국	❼ 일본	❽ 미국	⑬ 중국 ❶	⑭ 이탈리아
❸ 독일	❹ 인도	❾ 스페인	⑩ 이집트	⑮ 한국 ❷	⑯ 튀르키예
⑱ 호주	⑲ 그리스	⑮ 브라질	⑯ 베트남	⑰ 러시아	⑱ 오스트리아
⑲ 한국 ❷	⑳ 한국 ❸	㉑ 캐나다	㉒ 페루	㉓ 싱가포르	㉔ 스웨덴
㉕ 네덜란드	㉖ 폴란드	㉗ 스위스	㉘ 태국	㉙ 멕시코	㉚ 체코
㉛ 네팔	㉜ 아르헨티나	㉝ 필리핀	㉞ 핀란드		
㉟ 중국 ❷ (출간 예정)		포르투갈 (출간 예정)			

신간

자연탐사

조주희 글 | 김정한 그림 | 김미영 기획

지구 자연과 생태, 기후와 환경을 넘나드는 또 다른 모험!

① 아마존 ❶ 열대우림
② 사하라 사막
③ 갈라파고스 제도
④ 세렝게티 사바나
⑤ 북극 툰드라
⑥ 로키산맥 숲
⑦ 지중해 연안
⑧ 남극 빙하
⑨ 호주 대산호초
⑩ 마다가스카르 섬 (출간 예정)
⑪ 아마존 ❷ 습지 (출간 예정)

신간

MAPS

GOGO 카카오프렌즈 MAPS

2024 개정판

정은주 글 | 김정한, 프랭크 스튜디오, 성자연 그림

왕봉구는 히잡을 툭툭 치며 아이들을 재촉했어요.

"탈무드는 유대인들의 지혜가 담긴 책이고, 유대인들은 주로 크리스트교를 믿지."

고북히 말에 강하군이 눈을 반짝이며 말했어요.

"성경, 불경은 아닐 테니, 그럼 하나밖에 없네! 정답은 쿠란이야!"

그 순간, 슬람의 몸이 눈부신 빛에 감싸였어요. 왕봉구를 묶고 있던 히잡도 스르륵 풀렸어요.

"후유, 살았다!"

아이들은 얼른 구슬을 주워 거북이 알에 넣었어요. 그런데 하늘에서 누군가 나타났지요.

"어? 퀴즈 그림에서 봤던 천사야!"

"나는 슬람의 주인, 천사 지브릴이에요. 레드퀸의 저주로 사라진 슬람이 이제야 돌아왔네요. 고마워요. 이제 여러분이 도와줘야 할 친구가 있으니 저기 보이는 초원으로 가 보세요."

배고픈 사냥매 호르

아이들과 고북히는 초원으로 향했어요. 드넓은 들판과 새파란 하늘이 어우러져 무척 아름다웠지요.

"초원을 걸으니 양고기가 생각나네. 유목민들은 양고기랑 치즈를 주로 먹는다던데. 맛있겠다, 꿀꺽!"

강하군이 왕봉구를 보고 눈쌀을 찌푸렸어요.

"넌 이런 멋진 풍경을 보면서도 먹는 생각이야?"

그러자 왕봉구가 웃으며 대답했어요.

"당연하지! 난 꼭 왕 셰프가 되어서 모두에게 맛있는 걸 먹여 줄 거야!"

그때, 발밑에서 힘없는 목소리가 작게 들려왔어요.

"그럼 저에게도 음식을 나눠 주실 수 있나요……?"

"어? 저기다!"

"새끼 매잖아. 훨훨 날아다녀야 할 녀석이 왜 땅에 떨어져 있지? 게다가 너무 말랐어."

공차연은 새끼 매를 들어올렸어요.

"난 사냥매 호르예요. 지금은 사냥을 못하지만요."

"우리가 도와줘야 할 친구가 바로 너구나."

"전 레드퀸의 저주로 마음이

새가
힘이 없네.

훌쩍

약해져 사냥을 못하게 되었어요. 며칠을 굶었고, 사냥
매의 역할을 못해서 유목민들에게 버림받았지요. 그러
니 얼른 퀴즈를 맞혀 저주를 풀어 주세요."

호르의 말이 끝나자 퀴즈 창이 떠올랐어요.

QUIZ 12

몽골 부족을 통일하고 유라시아에
걸친 대제국을 세운 몽골의 군주는?

🍃 **쿠빌라이 칸**　　🍃 **칭기즈 칸**
🍃 **몽케 칸**　　🍃 **칸트**

몽골하면
육포지!

음~

칸? 분명
배웠던 건데
헷갈리네.

쩝쩝

고민에 빠져 공차연이 고개를 갸웃거리자 호르가 남은 힘을 다해 노래를 부르기 시작했어요.

"나~ 나~ 나나나 칸~ 내 작은 가슴에 용기를 심어 줬네!"

"아! 이 노래를 들으니 생각나. 칭! 칭! 칭기즈 칸! 정답은 칭기즈 칸이야!"

정답을 외치자 호르의 몸에 다시 살이 붙고, 깃털에 윤기가 돌기 시작했어요.

"고마워요! 난 다시 용맹한 사냥매, 호르가 되었어요. 유목민들을 찾아 떠나야겠어요. 여러분의 도움은 절대 잊지 않을게요."

호르는 파란 구슬을 남긴 채 힘차게 하늘로 날아갔어요.

"호르는 이제 배가 고프지 않겠지?"

왕봉구가 흐뭇한 목소리로 말했어요.

그때, 어디선가 찍찍대는 소리가 들려왔어요.

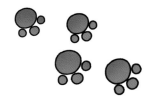

"혹시 여러분은 배가 고프지 않나요?"

주위를 둘러보았지만 아무도 보이지 않았어요. 그 순간 땅 밑에서 얼굴이 빼꼼 나타났지요.

꼬질꼬질 검은쥐 래트

"앗! 깜짝이야!"

왕봉구가 깜짝 놀라 뒤로 물러났어요.

"안녕하세요. 저는 래트라고 해요. 제가 맛있는 걸 준비했는데 따라와 주실래요?"

검은쥐 래트가 공손히 인사했어요.

"친절하게 먹을 것을 주려나 봐. 어서 따라가 보자!"

배고픈 왕봉구는 기대에 부풀어 래트를 따라갔어요.

래트를 따라 작은 구멍으로 들어가니 점점 더 널찍한
굴이 나타났어요.

하지만 식탁 위에는 맛있는 음식은커녕 썩은 음식들
로 가득했어요.

아이들이 기겁하자 래트가 발끈하고 말했어요.

"이건 30일 동안 정성껏 숙성한 케이크라고요. 얼마

나 맛있는데요."

"으웩, 아무리 배가 고파도 썩은 음식은 못 먹는다고!"

왕봉구가 주먹을 불끈 쥐고 펄펄 뛰었어요.

래트는 성내는 왕봉구를 앞에 두고 한술 더 떴어요.

"다 먹고 나서는 저 침대에서 푹 쉬세요. 아주 푹신하답니다?"

"게다가 저 지저분한 침대에서 자라고? 말도 안 돼!"

공차연이 덩달아 목소리를 높였어요. 그러자 래트가 서운한 표정을 지으며 말했지요.

"나의 친절을 거절하다니 정말 속상하네요. 어쩔 수 없네요. 지금부터 제가 내는 퀴즈를 맞히지 못하면 이 음식을 손도 씻지 않고 다 먹어야 할 거예요."

곧바로 눈앞에 영화 필름이 펼쳐지더니 연기를 하는 래트의 모습이 보였어요. 래트는 콧노래를 부르며 퀴즈 창을 띄웠어요.

"래트가 오페라 주인공처럼 노래를 부르고 있네. 두 번째 그림은 마스크를 쓰고 기침을 하고 있어."

공차연이 그림을 보고 갸웃거렸어요.

"비만 쥐 래트라니! 썩은 음식을 너무 많이 먹어서 살이 쪘나 봐. 큭큭!"

왕봉구는 세 번째 그림을 보고 키득대며 말했어요.

"어라? 바로 그거야! 오페라의 '오', 마스크의 '스', 비만의 '만'! 정답은 오스만 제국!"

정답을 알아차린 강하군이 잽싸게 정답을 외치자 래트가 놀라며 말했어요.

"이럴 수가! 정답을 맞히다니!"

고북히가 오스만 제국에 대해 설명해 주었어요.

"오스만 제국은 14세기부터 20세기 초까지 유럽 동남부, 서아시아, 북아프리카 대부분을 지배하던 광대한 제국이었어. 1차 세계 대전 직후에 멸망했지."

아이들이 고개를 끄덕이는데, 어느새 래트가 옷을 갈아 입고 다시 나타났어요.

"하지만 여기서 끝이 아니랍니다."

래트는 또다시 퀴즈 창을 띄웠어요.

"전염병이라……. 난 전에 코로나에 걸린 적이 있는데, 그때 음식을 먹어도 아무 맛도 안 느껴져서 힘들었어."

"나는 수두에 걸려서 게임도 못 했어. 얼마나 힘들었다고."

왕봉구의 말에 강하군도 고개를 흔들며 말했어요.

"난 퀴즈에서 얘기하는 전염병이 제일 무서운데? 몸이 까맣게 썩어 들어가다니, 상상만 해도 끔찍해."

공차연은 몸을 부르르 떨며 진저리를 쳤어요.

"까맣게 변하면서 죽는 병? 혹시 흑사병 같은 건가?"

강하군이 공차연이 한 말을 되뇌다가 정답을 맞혀 버렸어요. 환한 빛이 래트를 감싸더니 강하군 앞으로 구슬이 굴러 왔지요.

"어? 정답이잖아? 야호!"

강하군이 환호했어요.

"흑사병은 페스트균이 일으키는 전염병이야. 오한, 고열, 두통에 시달리다가 결국 죽게 되지. 중세 유럽에서 유행한 흑사병은 재앙 그 자체였어. 유럽 인구의 3분의 1을 죽음으로 몰고 갔지."

고북히의 설명에 아이들은 입을 쩍 벌렸어요.

"너무 무시무시한 병이잖아?"

공차연이 속삭이자 고북히가 말했어요.

"그래도 손을 깨끗이 씻고, 음식을 잘 익혀 먹으면 어느 정도 예방할 수 있을 거야. 운이 나쁘면 잘 씻어도 쥐 몸에 붙어 있는 쥐벼룩이 병을 옮기기도 하지만 말이야."

"잠깐! 그러면 래트, 네 몸의 쥐벼룩이 그 병을 퍼뜨린 건 아니겠지?"

공차연이 래트를 의심의 눈으로 쏘아보며 말했어요. 래트는 황급히 손사래를 쳤어요.

"아, 아니에요. 난 엄청 깨끗한 쥐라고요."

그 순간, 래트 몸에서 아주 작은 쥐벼룩이 튀어나왔어요.

"앗! 내 몸에 쥐벼룩이 숨어 있었을 줄이야!"

"들켰네. 난 래트를 조종하던 쥐벼룩이다! 어서 레드

퀸 님께 돌아가야지."

쥐벼룩이 도망가자 아이들은 안도의 한숨을 쉬었어요.

"역시 레드퀸의 짓이었어."

공차연이 혀를 끌끌 차며 말했어요. 정신을 번쩍 차린 래트는 주위를 둘러보며 깜짝 놀라 외쳤지요.

"누가 내 집을 이렇게 엉망으로 만든 거야? 이 썩은 음식들은 뭐지?"

그러곤 허둥지둥 청소를 시작했어요. 잠시 후, 래트는 먼지 쌓인 서랍장을 열고 무언가를 꺼내 아이들에게 건넸어요.

"참, 제게 이런 게 있어요. 위험에 처했을 때 이 카메라로 사진을 찍어 보세요. 반드시 도움이 될 거예요."

"카메라가 신기하게 생겼네."

공차연이 카메라를 목에 걸었어요. 그러고는 래트와 인사를 나누었어요.

한편, 히스토리 스페이스의 빨간 성에서 감시하던 레드퀸이 이를 빠득빠득 갈며 말했어요.

"고북히에게 저주를 걸었는데도 퀴즈를 저렇게 잘 맞히다니! 이제 더는 봐줄 수 없어. 앞으로 너희는 한 단계 더 어려운 근세 퀴즈를 만나게 될 것이다! 절대 맞힐 수 없을걸? 하하하!"

다시 시작된
레드퀸의 훼방

고북히와 아이들이 근세에 도착했어요.

"근세는 서양에서 중세와 근대 사이의 시기를 말해. 이때 중세의 신 중심의 세계관에서 벗어나 인간 중심의 문화로 바뀌었지."

고북히가 설명했어요.

"그래서 중세 마을과는 분위기가 다르구나. 중세 퀴즈는 종교와 관련된 게 많았잖아. 그럼 근세 퀴즈는 인간 중심일지도 모르겠네."

공차연이 손뼉을 탁 치며 말했어요. 고북히는 고개를

끄덕였지요.

"그럴 것 같아. 근세에는 이름난 예술가, 세상을 탐험한 모험가, 우주를 연구한 과학자들이 아주 많았거든. 문학, 미술, 건축, 자연 과학 같은 여러 분야에서 유럽 문화의 근대화를 이끌었지. 이때를 흔히 르네상스 시대라고 불러. 어쨌든 이제 퀴즈를 풀러 가 보자!"

고북히를 따라 아이들은 화려한 궁전 안으로 들어갔어요.

"우아, 멋진 예술 작품이 많네! 그런데 이 초상화, 우리를 쳐다보고 있는 것 같아."

왕봉구가 초상화 하나를 가리키며 말했어요.

"하하! 눈썹이 하나로 이어져 있어."

강하군이 자기 눈썹에 손가락을 갖다대며 말했어요.

그때였어요!

말하는 초상화 리사

"나는 말하는 초상화 리사야. 내 아름다운 미모를 몰라보다니, 눈썰미가 형편없구나?"

"으악! 초상화가 말을 한다!"

왕봉구가 깜짝 놀라 소리를 질렀어요.

"아무리 봐도 이상한데? 레드퀸이 이 초상화를 엉망으로 만든 게 분명해. 정말 못 말리는 악당이야."

공차연이 씩씩대며 말하자 리사가 대답했어요.

"나는 근세의 아주 훌륭한 예술가가 그린 그림이야. 그런데 어느 날 레드퀸이라는 꼬마가 나타나 나를 더 아름답게 꾸며 줬지. 난 지금 얼굴이 만족스러워! 그런데 왜 갑자기 슬퍼지는 거지? 흑, 나와라! 퀴즈!"

리사는 눈물을 닦는 시늉을 하며 퀴즈를 냈어요.

"흠, 이탈리아 피자를 잘 구울 것 같은 이름들인데?"

왕봉구가 침을 꿀꺽 삼키며 말했어요.

"이탈리아라……. 그러고 보니 르네상스는 이탈리아에서부터 시작됐지."

고북히도 정답이 생각나지 않는지 턱을 괴고 고민했어요.

"그 자세는 또 뭐야? 고북히가 뭘 많이 알긴 하지만 딱히 도움은 안 되는 것 같아."

공차연이 툴툴대자, 고북히는 자존심이 상하지 않으려고 엄청난 집중 끝에 정답을 생각해냈어요.

"생각났어! 정답은 이탈리아 사람이야! 긴 이름 중 골라 봐."

정답이 떠오른 고북히가 힌트를 주었죠.

"그렇다면 제일 긴 이름으로 하나 찍어야겠어. 정답은 레오나르도 다 빈치!"

강하군이 정답을 외쳤어요. 그러자 리사가 깜짝 놀라

며 말했어요.

"흥! 아주 잘 맞히는군! 하지만 여기서 끝이 아니야. 이번 퀴즈를 못 맞히면 너희 눈썹도 나처럼 길고 예쁘게 꾸며 주지. 나와라, 퀴즈!"

"저 반박문은 루터가 교회에서 죄를 용서해 준다며 돈을 받는 잘못된 행위를 비판한 문서야. 빈칸에는 숫자가 들어가."

고북히가 퀴즈 정답의 힌트를 주었어요.

"이번 문제는 숫자 맞히기? 그럼 난 백 살까지 오래오래 게임을 하고 싶으니까 100!"

"난 삼겹살구이를 좋아하니까 92!"

강하군과 왕봉구의 오답에 고북히는 고개를 가로저었어요.

"흠…… 그럼 난 내 축구 등번호인 95로 할래!"

공차연이 정답을 외치자, 리사의 원래 얼굴이 드러났어요.

"우아! 눈썹이 싹 다 사라졌지만, 아까보다 훨씬 괜찮네!"

"내 원래 모습을 되찾아 줘서 고마워. 이제 저 문을 열어 봐. 재미있는 게임이 기다리고 있을 거야."

아이들과 고북히는 얼른 구슬을 챙겨 리사가 가리키 던 문을 열었어요.

"오호! 꼭 어느 탐험가의 방 같다!"

벽에는 세계 지도가 붙어 있었고, 책상 위에는 커다 란 지구본이 놓여 있었어요.

탐험가의 지구본 봉봉

"여기서 뭔가를 찾아야 하나? 너무 조용한걸."

강하군이 지구본을 만지며 말했 어요. 그러자 주위 풍경이 거친 파도가 넘실거리는 바다로 바뀌었어요. 아이들 눈앞에 는 키워드 징검다리가 펼쳐 졌지요.

강하군이 만진 지구본은 눈, 코, 입에 팔과 다리까지
생겨나더니, 파도를 타기 시작했어요.

"난 지구본 봉봉. 이번엔 좀 특별한 퀴즈를 준비해 봤
어! 정답을 찾아 징검다리를 건너면 보물 상자가 있어.
그 안에 지도가 한 장 있을 거야! 나와라, 퀴즈!"

"달걀과 관련된 일화를 생각해 봐. 아무도 세우지 못한 달걀을 아랫 부분을 살짝 깨뜨려 세운 이야기 말이야."

고북히가 힌트를 주자 공차연이 외쳤어요.

"생각났다, 이 얘기는 콜럼버스의 달걀 이야기야. 그러니까 정답은 콜럼버스!"

아이들은 단숨에 징검다리를 건너 보물 상자를 열었어요. 하지만 그 순간, 바람이 불어 상자 속 지도가 훌쩍 날아가 버렸지요. 어리둥절한 아이들은 멀어지는 지도를 바라볼 수밖에 없었어요.

하얀 가면을 쓴 앙또

   지도를 놓친 아이들은 아쉽지만 다음 장소로 향했어요. 그곳은 가면 무도회가 열리는 화려한 궁전이었어요.

잠시 후, 검은 가면 사이로 하얀 가면에 하얀 드레스를 입은 아름다운 귀부인이 공차연에게 다가왔어요.

"내 이름은 앙뜨예요. 오늘 아주 귀여운 손님들이 찾아왔네요."

"앙뜨 님! 꼭 어디선가 본 공주님 같아요."

공차연이 양손을 꼭 쥐고 말했어요.

"나는 공주가 아니랍니다. 무도회를 좋아할 뿐이지요. 꼬마 아가씨, 나와 함께 춤을 출까요?"

앙뜨는 공차연에게 손을 내밀었어요. 공차연은 앙뜨와 함께 왈츠를 추기 시작했어요.

"큭큭, 춤추는 공차연이라니. 좀 어색하네."

강하군은 공차연을 바라보며 키득거렸어요.

"여기 이렇게 맛있는 음식이 차려져 있는데, 춤이나 추고 있다니."

왕봉구는 들어오자마자 음식 냄새를 맡더니 어느새 빵을 들고 나타났어요.

"엇, 어느새 음식을 가져온 거야?"

아이들이 정신 팔린 사이, 고북히는 궁전을 샅샅이 살펴보았어요. 그리고 말했어요.

"여긴 프랑스에서 가장 유명한 궁전을 그대로 가져온 곳이야. 근세에는 중세 때보다 더 화려하고 다양한 문화가 유행했어. 이번 퀴즈는 이것과 관련이 있을 거야."

그때였어요. 왕봉구가 기겁하며 소리쳤어요.

"으악! 이 사람들이 내 음식을 빼앗으려고 해! 이거 놔요! 왜 이러세요!"

검은 가면을 쓴 사람들이 떼를 지어 와서 왕봉구를 붙잡고 있었어요!

"앙뜨 님, 쟤는 제 친구예요! 도와주세요!"

공차연이 앙뜨를 다급히 불렀어요.

"오, 이런! 저 검은 가면들은 레드퀸의 저주에 걸린 제 친구들이에요. 여러분이 퀴즈를 맞혀서 저주를 풀면 봉구를 놓아줄 거예요. 나와라, 퀴즈!"

"아, 여긴 마리 앙투아네트가 살았던 궁전이야! 히스토리 에어라인에서 배웠는데, 이름이 뭐더라?"

강하군이 머리를 긁적이며 말했어요.

"마리 앙투아네트의 남편인 루이 16세가 부르봉 왕조잖아. 부르봉 궁전 아닐까?"

공차연이 우물쭈물하자 왕봉구는 소리쳤어요.

"어서 답을 맞혀! 이러다가 나 잡혀가겠어!"

"아, 맞다! 나한테 카메라 아이템이 있었지. 지금 써야겠어!"

공차연은 카메라를 꺼내더니 셔터를 마구 누르기 시작했어요. 고북히는 그런 모습에 당황했지요.

"이, 이 아이템을 지금 써 버리겠다고?"

"그럼 어떡해. 왕봉구가 붙잡혀 가게 생겼는데!"

공차연이 다시 한번 셔터를 꾹 눌렀어요. 그러자 검은 가면 친구들이 사진 속에 갇히더니, 낱말 퍼즐에 정답이 나타났지요.

"마리 앙투아네트가 살았던 궁전은 바로 베르사유 궁전이야. 정답은 베르사유!"

공차연이 정답을 외치자 방 안이 환하게 빛났어요. 그 자리에 검은 가면을 쓴 사람들은 모두 사라지고 화려한 드레스와 멋진 제복을 입은 귀족들이 서 있었지요. 왕봉구도 무사히 풀려났어요.

"검은 가면을 쓴 사람들이 진짜 모습으로 돌아왔어. 정말 다행이다."

넋을 놓고 귀족들을 바라보는 공차연에게 앙뜨가 다가와 말했어요.

"이곳은 늘 무도회가 열리는 행복의 성이었어요. 하지만 레드퀸이 나타나 친구들을 모두 검은 가면의 유령으로 만들어 버렸죠. 우릴 질투했나 봐요."

"어머나, 그들이 유령이었다고요?"

공차연이 깜짝 놀라 물었어요.

"그럼 내가 먹은 것도 유령의 음식이었다고? 갑자기

배가 아파. 웩!"

왕봉구가 구역질하는 시늉을 내며 말했어요.

"하핫, 여러분 덕분에 내 친구들을 구했어요. 여러분도 늘 행복하기를!"

앙뜨는 마지막 인사를 건네고는 흔적도 없이 사라져 버렸어요. 자리에는 구슬만 남아 있었어요.

"정말 아름다웠는데……. 유령이었다니."

공차연이 아쉬워하며 말했어요.

"앙뜨가 춤추던 이 방은 프랑스의 베르사유 궁전을 본뜬 곳이야. 베르사유 궁전은 루이 14세부터 루이 16세까지 프랑스 왕가가 살았던 곳으로, 마리 앙투아네트 왕비 역시 이 궁전에서 함께 지냈지."

고북히는 구슬을 거북이 알에 집어넣으며 설명을 이어갔어요.

"프랑스 혁명으로 쫓겨나긴 했지만, 베르사유 궁전은 화려한 무도회와 사치를 누렸던 귀족들, 그리고 시민

혁명이 얽힌 곳이지."

"우아! 정말 역사적인 곳이구나!"

강하군이 깜짝 놀라며 말했어요.

"이제 근세의 시간도 다 끝나 가고 있어. 어서 다음 퀴즈로 넘어가자! 저기 중국 청나라의 성이 보여."

아이들은 고북히가 가리키는 곳을 바라보았어요. 그곳에는 붉은색의 웅장한 궁궐 하나가 보였지요. 청나라 때까지 황제가 살았던 자금성이었어요.

"방금 전까지 프랑스 궁전에 있었는데, 지금은 중국 궁궐에 와 있네!"

공차연의 눈이 휘둥그레졌어요.

"중국에 딤섬이 엄청 유명하잖아. 여기서 파티는 또 안 열리려나?"

왕봉구는 입맛을 쩝쩝 다시며 말하는데 누군가 포효하는 소리가 들렸어요.

"어흥! 딤섬 같은 소리하네!"

청동 사자상 어홍이

"아앗! 깜짝이야!"

아이들은 소리가 난 쪽을 바라봤어요. 그곳에는 사자 모습을 한 조각상이 궁궐 문을 가로막고 있었어요.

"우리나라 해태 조각상하고 비슷하게 생겼네."

호기심 어린 눈으로 조각상과 건너편의 궁궐을 구경하던 강하군이 조각상에게 물었어요.

"여기가 청나라 황제가 살던 자금성 맞지? 구경해 봐도 돼?"

"어허! 나는 자금성을 지키는 어홍이다! 구경은 금물, 너희는 내가 내는 미로 퀴즈를 통과해야 한다."

어홍이는 아이들에게 호통쳤어요.

이어지는 어홍이의 한 마디에 주변은 미로로 바뀌었지요.

나와라, 퀴즈!

QUIZ 19

여덟 살에 황제에 올라 전쟁을
지휘했던 청나라의 성군은?

"탈출 성공! 정답은 강희제였어!"

강하군을 따라 다들 미로를 탈출했어요.

"어흥! 똑똑한 아이들이로군. 사실 나도 이 미로에 갇혀 있었어. 이제 레드퀸의 저주가 풀렸으니 나도 원래 자리로 돌아가야겠어."

어홍이가 사라진 자리에는 구슬이 남아 있었어요. 고북히는 그 구슬을 거북이 알에 넣었어요.

"미로 탈출, 꽤 재미있었어. 한 번 더 하고 싶어!"

공차연이 신이 나서 재잘거렸어요.

"길이 헷갈려서 빠져나오기 어려웠을 텐데, 너희 정말 똑똑하구나. 자금성의 지킴이인 어홍이도 탈출하지 못할 미로였는데 말이야."

"뭐, 게임왕인 나한테는 미로 찾기쯤이야 그냥 초급 게임인걸?"

강하군은 한껏 으스댔지요.

고북히는 아이들에게 강희제를 설명해 줬어요.

"강희제는 겨우 여덟 살에 황제가 되어 61년 동안 집권하며 청나라의 최고의 성군으로 불렸어. 검소하게 생활하면서 스스로 모범을 보인 왕이었지. 학문에도 관심이 많아서 42권에 달하는 대규모 한자 사전인 강희자전을 만들기도 했어."

"훌륭한 성군이었구나."

"그래서 후세 사람들은 강희제를 평가할 때 '수신제가치국평천하'를 이룬 왕이라고해."

"그게 무슨 뜻이야?"

왕봉구가 궁금한 듯 물었어요.

"몸과 마음을 갈고 닦아서 나라를 잘 다스리고, 온 세상을 평안하게 한다는 뜻이야."

그러자 강하군이 자신만만한 표정으로 말했어요.

"몸과 마음을 닦는 거라면 난 매일 잘 씻으니까 이제 세상을 편하게 만들기만 하면 되겠네!"

"그런데 근세는 이제 여기서 끝인 거야?"

강하군 말을 듣던 왕봉구가 고북히에게 물었어요.

"응. 여기가 근세의 마지막이야. 그런데……."

고북히가 대답하는데, 갑자기 거북이 알이 빨간색으로 번쩍였어요.

"이런! 레드퀸이 우리의 퀴즈 실력에 위협을 느낀 모양이야. 없었던 퀴즈 하나가 더 생겼어."

고북히의 말을 듣고 공차연이 발을 동동 굴렀어요.

"뭐야, 여기가 끝이라며!"

고북히는 금방이라도 울 것 같은 표정으로 말했어요.

"나도 이럴 줄은 몰랐어. 조금만 더 힘을 내 보면 안 될까?"

"영웅이 되기는 참으로 힘들구나."

강하군이 털썩 주저앉자 왕봉구가 곧바로 강하군을 일으켰어요.

아이들은 고북히를 따라 다시 용감하게 앞으로 나아갔어요. 어느새 유럽의 작은 마을을 걷고 있었지요.

네모네모 천문학자 네오

"이 집으로 들어가 볼까?"

고북히가 한 집을 가리키며 말했어요.

"잠깐! 문에 '연구 중이니 방해 금지'라고 적혀 있는데?"

공차연이 문에 적힌 글을 보고 머뭇거렸어요. 하지만 왕봉구는 망설임 없이 문을 열어 버렸어요.

"우아! 여기 신기한 게 많아!"

왕봉구가 집 안에 들어서자 한 남자가 현관으로 뛰어나왔어요.

"누가 남의 집에 함부로 들어온 거죠?"

"앗, 죄송해요. 이 친구가 배가 고파서 그만……."

공차연이 고개 숙이며 사과했어요.

"하하, 괜찮아요! 난 천문학자 네오라고 해요. 우리 집에 온 김에 내 위대한 발견을 함께 나누고 싶군요. 물론 어떤 신비한 분이 도와주기도 했지만요."

네오는 태양이 네모라고 말했어요. 또 태양이 지구 주위를 돈다고도 했어요.

공차연은 이상하다는 듯 갸웃 고개를 돌렸어요.

"그건 말도 안 되는 소리예요."

강하군도 네오에게 물었어요.

"네오 선생님! 혹시 발견을 도와줬다는 사람의 이름이 레드퀸인가요?"

"맞아요, 레드퀸! 그분이 저에게 몰랐던 우주의 비밀을 알려 주었지요. 역시 유명한 분이었군요!"

네오가 활짝 웃으며 말했어요.

"역시 레드퀸의 짓이었어. 지구의 우주관을 바꿔 버리려고 했나 봐."

고북히의 이야기를 듣고 공차연이 한숨을 쉬었어요.

"그 레드퀸은 악당이에요. 선생님은 지금 레드퀸에게 속고 있는 거라고요!"

"감히 레드퀸을 욕하다니 참을 수 없군요. 퀴즈를 맞

히지 못하면 여러분을 당장 레드퀸에게 데려가겠소!"

네오가 퀴즈 창을 띄웠어요. 그러고는 갑자기 오이를
갈기 시작했지요.

"지동설이 등장하기 전까지 사람들은 천동설을 믿었어. 천동설은 우주의 중심이 지구이고, 모든 천체가 지구를 돈다는 이론이지. 하지만 르네상스 시기에 이르러 우주관이 바뀌는 큰 사건이 일어났어. 지구가 태양 주변을 돈다는 걸 밝혀낸 사람이 나타난 거야."

고북히 말에 공차연이 대답했어요.

"이 이야기 어디서 들어 본 이야기인데?"

"너희도 이 사람의 이름을 한 번쯤은 들어 보았을 거야. 그는 지동설을 증명하려고 망원경을 이틀 만에 만들어 천체를 관측했다고도 해."

힌트를 곰곰이 보던 왕봉구가 중얼거렸어요.

"오이를 갈면 오이채가 되지? 난 오이는 별론데."

강하군은 도무지 감이 잡히지 않았어요.

"대체 오이랑 천문학자랑 무슨 상관인데! 나도 같이 오이나 갈아 버릴까 보다."

공차연은 생각에 잠긴 듯 혼잣말을 중얼거렸어요.

"오이를 갈아? 갈릴래? 오이? 아, 알겠다! 정답은 갈릴레오 갈릴레이야!"

공차연의 추리에 강하군이 황당하다는 듯 바라보았어요. 강하군은 당연히 오답이라고 생각했어요. 하지만 그때, 어디선가 구슬이 또르르 굴러왔어요. 공차연이 스무 번째 퀴즈를 맞힌 거예요.

"오잉? 이게 정답이라고?"

네오가 고개를 톡 떨군 채 말했어요.

"나도 모르게 내가 천동설을 주장하고 있었다니……. 나는 여태 지동설을 발견해서 연구하던 사람이에요. 그런데 레드퀸이 나타나 천동설이 맞다고 설득했지요."

"괜찮아요! 다시 연구를 시작하면 되죠."

왕봉구의 격려에 힘을 얻은 네오는 자리에서 일어났어요. 그리고 서랍장에서 지도 한 장을 꺼냈지요.

"참, 여러분한테 줄 게 있어요. 얼마 전에 커다란 바람이 불더니 우리집에 이 지도가 날아왔답니다. 지도에

찍힌 별표가 무슨 의미인지는 모르겠지만, 이 지도가 행운을 불러오길 바랍니다."

네오가 건네준 지도를 보고는 아이들은 깜짝 놀랐어요. 그건 바로 아이들이 놓친 지도였기 때문이에요.

"엇! 이건 우리가 찾던 그 지도잖아!"

"레드퀸, 우리 실력 잘 봤지? 조만간 만나서 담판을 짓자고!"

공차연, 왕봉구, 강하군의 당찬 목소리가 하늘에 닿자, 레드퀸의 성에서 비명 소리가 들려왔어요.

"꺄악! 말도 안 돼! 이래도 정답을 맞힌다고?"

레드퀸은 바르르 떨었어요.

"만만치 않은 아이들이로군. 하지만 날 우습게 보다가는 큰코다칠 줄 알아! 다음 시대에서 두고 보자!"

히스토리 스페이스에 레드퀸의 목소리가 쩌렁쩌렁 울려 퍼졌어요.

"너희 덕분에 근세의 키워드까지 무사히 되찾을 수 있었어. 너희는 내 은인이야!"

고북히와 공차연이 하이파이브를 했어요. 왕봉구와 강하군도 어깨를 으쓱하며 뿌듯해했지요.

"그런데 말이야, 지금까지 레드퀸이 한 짓을 보면 분명 이곳 주민들에게 가장 소중한 것들을 빼앗거나 망치고 있는 것 같아."

강하군이 말했어요.

"맞아. 현명하고 귀여운 고양이를 사납게 만들고, 황릉을 지켜야 하는 병마용 꿍의 동료를 모두 빼앗은 데다가 몸까지 흐물흐물한 진흙으로 변하게 했잖아."

공차연의 말에 왕봉구도 맞장구쳤어요.

"사냥매 호르의 사냥 능력을 빼앗아서 쫄쫄 굶게 만들기까지 했어! 그때 얼마나 가슴 아팠다고."

"자, 이제 지도를 살펴볼까?"

이야기를 듣던 고북히가 지도를 가리켰어요.

아이들은 한 걸음 다가가 지도를 들여다보았지요.

"여기 빨간색으로 표시가 되어 있어. 총 다섯 군데인데, 여긴 다 어디일까?"

공차연이 지도에 표시된 빨간색 별표들을 가리켰어요.

강하군은 손을 턱에 괴고 고민하더니 고북히에게 물었지요.

"고북히, 이곳들이 어디인지 너는 알겠어?"

고북히는 고개를 가로저었어요.

"아니, 사실 이 지도에는 내가 가 보지 못한 곳들만 표시되어 있는 것 같아."

"뭐? 모르는 곳이 없다고 하더니 순 거짓말이네!"

강하군이 입술을 비죽거리자, 고북히는 어색하게 웃었어요.

"흐음…… 아주 옛날에, 우리 할아버지가 히스토리 스페이스에는 전설의 장소들이 있다고 하셨거든. 이 지도가 가리키는 게 바로 그곳들이 아닐까 싶어."

"전설의 장소들?"

"우아! 정말 재미있겠다! 게임 속 숨겨진 비밀 미션을 찾는 느낌이야!"

강하군은 신이 나서 주먹을 불끈 쥐었어요. 아이들은 다가올 새로운 탐험을 상상하며 기대에 부풀었지요.

이때 하늘에서 이 광경을 지켜보는 존재가 있었으니, 바로 레드퀸이었어요.

"훗, 순진하긴."

레드퀸은 의미심장한 미소를 지으며 아이들의 다음 발걸음을 기다리고 있었어요.

교과 지식 퀘스트

세계사 탐험 파일

키워드 카드 게임

세계사 타임라인

고대 이집트 미스터리, 피라미드

피라미드는 고대 이집트의 왕을 가리키는 파라오의 무덤으로, 세계 7대 불가사의 가운데 하나예요. 가장 높은 피라미드는 높이가 147미터로 건물 50층쯤 되고, 바닥 넓이는 서울 월드컵 경기장의 다섯 배에 달할 만큼 거대해요. 210단으로 쌓아 만든 피라미드에는 돌이 무려 230만 개나 사용되었는데, 돌 하나의 무게는 2.5톤에서 7톤까지 다양해요. 이집트인들은 멀리 떨어져 있는 채석장에서 이 무거운 돌을 어떻게 옮겨 왔을까요? 배에 돌을 싣고, 나일강이 범람할 때를 기다려 운반했다고 해요.

그럼 이집트인들이 피라미드를 왜 만들었을까요? 이집트인들은 사람이 죽으면 영혼이 살아난다고 믿었어요. 그래서 시신을 미라로 만들고, 사후 세계에서 살 공간으로 거대한 무덤을 만든 거랍니다.

← 쿠푸왕의 피라미드와 피라미드를 지키는 스핑크스

로마 제국의 국교가 된 기독교

    기독교는 전 세계 인구의 약 3분의 1이 믿는 종교예요. 기독교의 창시자는 초기 로마 제국의 지배를 받던 팔레스타인 출신 '예수'였어요. 기독교는 사랑과 믿음을 통해 누구든지 하나님으로부터 구원받을 수 있다고 가르치며 로마에 빠르게 퍼져 나갔어요. 하지만 로마의 전통적인 신들과 황제 숭배를 거부했던 기독교는 심한 박해를 받았지요. 그럼에도 기독교는 절대 꺾이지 않았고 세력은 더 커졌어요. 결국 로마의 황제 콘스탄티누스 대제는 313년 밀라노 칙령을 발표하여 기독교를 공인했어요.

    기독교 신자들한테 완벽한 종교의 자유를 주고, 성경을 보급해 로마 구석구석에 기독교를 널리 전파하게 된 거예요. 많은 로마 사람들은 기독교 신자가 되었고, 마침내 기독교는 로마 제국의 국교가 되었어요. 이후 기독교는 세계사를 움직이는 강력한 힘으로 작용하며, 여전히 전 세계에 큰 영향력을 미치고 있어요.

튀르키예 아야 소피아 성당의 → 예수 모자이크

르네상스를 이끈 두 천재 예술가

14세기부터 16세기 사이 유럽에서는 그리스·로마 문화의 가치를 재 발견하려는 문예 부흥 운동, '르네상스'가 일어났어요. 특히 미술 분야에서 두각을 나타냈고, 그 중심에는 레오나르도 다 빈치와 미켈란젤로가 있었 어요. 다 빈치는 〈모나리자〉〈최후의 만찬〉 그림을 통해, 미켈란젤로는 〈피에타〉〈다비드〉 조각상을 통해 아름다운 인체와 사물을 사실적으로 표현했어요.

두 사람은 성격과 외모에 큰 차이가 있었어요. 다 빈치는 수려한 외모와 쾌활한 성격을 가진 다재다능한 인물로, 화가뿐만 아니라 공학자, 발명가, 건축가 등 다양한 직업을 가졌어요. 반면, 미켈란젤로는 평생 외모에 콤플 렉스가 있었고, 성격은 아주 까다로웠지요. 둘은 서로 정반대임에도 르네 상스 미술을 대표 하는 거장으로, 지 금까지도 미술사 에서 큰 영향을 미 치고 있지요.

↑ 레오나르도 다 빈치

↑ 미켈란젤로

신항로를 개척한 대항해 시대

대항해 시대는 15세기에서 16세기에 유럽인들이 신항로로 개척하고 신대륙을 발견하던 시기를 말해요. 유럽인들은 향신료와 실크 무역을 위한 새로운 교역로를 찾기 위해 바다로 나섰어요.

신항로 개척의 선두주자는 포르투갈과 에스파냐였어요. 포르투갈은 탐험가 마젤란이 태평양을 건너 동쪽 항로를 개척했고, 에스파냐는 탐험가 콜럼버스가 대서양을 건너 서쪽 항로를 개척했어요. 이러한 항해는 지리학과 천문학의 발전 덕분이었어요. 콜럼버스는 지구가 둥글다는 것을 믿고 대서양을 계속해서 항해할 수 있었지요. 또한, 배를 만드는 기술인 조선술과 새로운 항해 도구의 발전이 큰 도움이 되었어요. 새로운 항해 도구에는 어떤 것들이 있을까요? 나침반은 동서남북 같은 방위를 알려 주었고, 육분의는 항해할 때 태양, 달, 별의 높이를 재서 배의 위치를 구해 주었어요. 또, 노를 젓는 대신 방향타로 배의 방향을 조정했답니다.

↑ 방향타   ↑ 나침반

키워드 카드 게임

친구와 함께 키워드 카드 게임을 시작해요! 20가지 키워드 카드를 보며
친구보다 먼저 키워드를 설명해 보세요. 기억이 나지 않으면, 본문으로 돌아가
저주받은 주민이 내는 퀴즈를 다시 풀어 보아요.

근세
레오나르도 다 빈치

고대
호모 사피엔스

중세
흑사병

고대
콜로세움

고대
함무라비 법전

중세
크리스트교

근세
95개조 반박문

고대
폴리스

중세
오스만 제국

근세
강희제

근세
베르사유 궁전

고대
알렉산드로스

근세
콜럼버스

중세
칭기즈 칸

고대
진시황제

중세
게르만족

고대
피라미드

중세
쿠란

고대
제자백가

근세
갈릴레오 갈릴레이

세계사 타임라인

방대한 역사 속 꼭 알아야 할 사건들을 뽑아 시간순으로 정리했어요.
연표로 세계사의 흐름을 한눈에 살펴보아요.

START ⟶

기원전 300만 년	기원전 3500년	기원전 100년	기원전 334년
오스트랄로피테쿠스 출현	메소포타미아 문명 시작	그리스 폴리스 형성	알렉산드로스, 동방 원정

기원전 221년
진시황제, 중국 통일

375년	313년	220년	기원전 27년
게르만족 대이동 개시	로마 크리스트교 공인	중국 삼국 시대 시작	로마 제정 시작

800년
카롤루스 대제, 황제 즉위

1096년	1206년	1299년	1453년
십자군 전쟁 시작	칭기즈 칸, 몽골 통일	오스만 제국 건설	비잔티움 제국 멸망

1517년
루터, 95개조 반박문 발표

함정의 달인, 도를레앙 등장!

저주받은 주민들만으로는 부족하다고 느낀 레드퀸!
우주 최강 속임수의 대가 도를레앙을 소환한다.
도를레앙은 세 친구들과
고북히를 이상한 함정에 빠뜨려 달라는
의뢰를 맡게 되는데······.

아이들은 도를레앙의 함정을 뚫고
무사히 히스토리 스페이스를 구할 수 있을까?

다음 이야기도 기대해 주세요!

사진 출처

126쪽 피라미드, 127쪽 예수 모자이크, 128쪽 다 빈치, 미켈란젤로, 129쪽 나침반,
130쪽 알렉산드로스 동상, 마리 앙투아네트, 진시황제, 파르테논 신전_위키미디어
129쪽 방향타, 130쪽 콜로세움, 술탄 아흐메트 모스크_게티이미지

① 두 번째 지구에 불시착하다!

기획 *tvN* 〈벌거벗은 세계사〉 제작진 | 글 스튜디오 훈훈 | 그림 작은비버

1판 1쇄 인쇄 | 2024년 12월 17일
1판 1쇄 발행 | 2024년 12월 27일

펴낸이 | 김영곤
아동부문 프로젝트1팀장 | 이명선
기획개발 | 채현지 김현정 강혜인 최지현 이하린
아동마케팅팀 | 장철용 양슬기 명인수 손용우 최윤아 송혜수 이주은
영업팀 | 변유경 김영남 강경남 황성진 김도연 권채영 전연우 최유성
디자인 | 윤수경 **교정교열** | 이선영 **정보** | 윤진숙 **제작팀** | 이영민 권경민

펴낸곳 | (주)북이십일 아울북
등록번호 | 제406-2003-061호 **등록일자** | 2000년 5월 6일
주소 | 경기도 파주시 회동길 201(문발동) (우 10881)
전화 | 031-955-2145(기획개발), 031-955-2100(마케팅·영업·독자문의)
브랜드 사업 문의 | license21@book21.co.kr
팩시밀리 | 031-955-2177
홈페이지 | www.book21.com

ISBN | 979-11-7117-936-7
ISBN | 979-11-7117-935-0(세트)

* 잘못 만들어진 책은 구입하신 서점에서 교환해 드립니다.
* 가격은 책 뒤표지에 있습니다.

⚠ **주의** 1. 책 모서리가 날카로워 다칠 수 있으니 사람을 향해 던지거나 떨어뜨리지 마십시오.
2. 보관 시 직사광선이나 습기 찬 곳을 피해 주십시오.

· 제조자명 : (주)북이십일
· 주소 및 전화번호 : 경기도 파주시 회동길 201(문발동)/031-955-2100
· 제조연월 : 2024.12.27
· 제조국명 : 대한민국
· 사용연령 : 3세 이상 어린이 제품

· **일러두기** 이 책에 나오는 지명과 인명은 《표준국어대사전》을 따라 표기하였습니다.

다양한 SNS 채널에서
아울북과 음파소의
더 많은 이야기를 만나세요.

인스타그램
@owlbook21

페이스북
@owlbook21

네이버카페
owlbook21

네이버포스트
아울북

초등학생이 꼭 알아야 할
필수 역사 시리즈

전 세계 곳곳을 온택트로 방문하며
여행지에 숨겨진 세계사를 벗겨낸다!

벌거벗은 세계사를 읽었다면 퀴즈를 더 빨리 맞혔을 텐데!

tvN 〈벌거벗은 세계사〉 제작진 기획
이현희 외 글 | 최호정 외 그림 | 박현도 외 감수

우리나라 역사 속 언제 어디로든
떠날 수 있는 신비로운 한국사 시간 여행!

초등 사회부터 수능 한국사까지 이어진대!

나도 읽어 볼래!

tvN 〈벌거벗은 세계사〉 제작진 기획
이선영 외 글 | 이효실 그림 | 박재우, 이명미 외 감수